Vente du Lundi 24 Décembre 1906

HOTEL DROUOT — SALLE N° 10

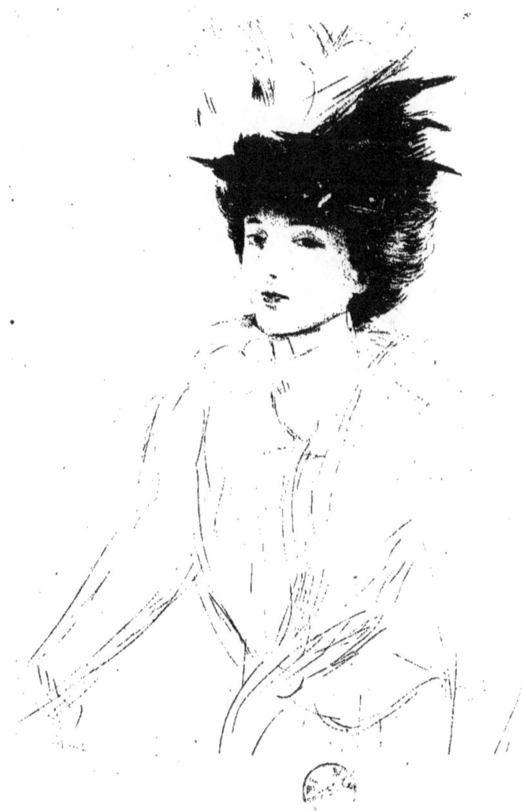

N° 49 du Catalogue.

ESTAMPES & DESSINS
DE
PAUL HELLEU

EXPOSITION PUBLIQUE :

HOTEL DROUOT, SALLE N° 10 — Le Dimanche 23 Décembre 1906

M. MAURICE DELESTRE   M. LOYS DELTEIL

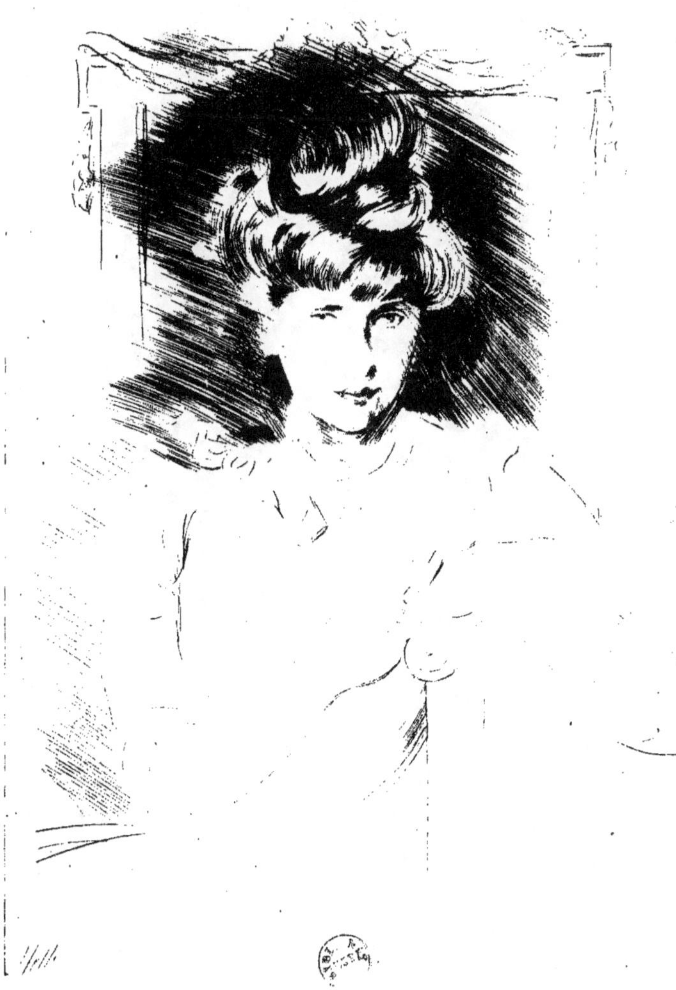

No 7 du Catalogue.

CATALOGUE

D'UNE

COLLECTION

D'ESTAMPES & DESSINS

DE

PAUL HELLEU

dont la vente aura lieu

à Paris, HOTEL DROUOT, Salle N° 10

Le Lundi 24 Décembre 1906

à 2 heures 1/2 précises

———

Par le ministère de

M° MAURICE DELESTRE, Commissaire-Priseur

5, Rue St-Georges

Assisté de M. LOYS DELTEIL, Artiste-Graveur, Expert

22, rue des Bons-Enfants

CONDITIONS DE LA VENTE

Elle sera faite au comptant.

Les adjudicataires paieront *dix pour cent* en sus des prix d'adjudication.

M. Loys Delteil remplira les commissions que voudront bien lui confier les amateurs ne pouvant y assister.

MM. les amateurs pourront visiter la collection, 22, *rue des Bons-Enfants*, du Lundi 17 Décembre au Samedi 22, de 2 heures à 5 heures.

EXPOSITION PUBLIQUE
A L'HOTEL DROUOT, SALLE N° 10
Le Dimanche 23 Décembre, de 2 heures à 6 heures

AVIS IMPORTANT

Toutes les estampes composant cette collection sont en parfait état ; nous nous sommes donc dispensé d'indiquer la qualité de chaque épreuve, voulant éviter d'inutiles répétitions.

POUR PARAITRE LE 15 FÉVRIER 1907

Le Peintre-Graveur Illustré

(XIXe & XXe SIÈCLES)

par

LOYS DELTEIL

TOME II consacré à CHARLES MERYON
et contenant la biographie du Maître, le Catalogue raisonné de son œuvre
gravé et le fac-similé de toutes les pièces décrites

1 volume in-4° d'environ 200 pages, orné de portraits
de MERYON, d'environ 170 fac-simile et d'une eau-
forte originale de MERYON.

Justification du Tirage :

40 Exemplaires de luxe avec une eau-forte originale de MERYON
(*Le Bain-froid Chevrier*). . . . . **40** francs
400 Exemplaires avec l'eau-forte de MERYON . . **20** ....
200 — sans l'eau-forte. . . . . **14** ...

A l'apparition de l'ouvrage, le prix en sera porté, pour les
exemplaires de luxe, à **50** francs, et pour les exemplaires ordi-
naires à **25** et **20** francs.

BULLETIN DE SOUSCRIPTION

(A renvoyer à M. LOYS DELTEIL, 22, rue des Bons-Enfants)

Je, soussigné, déclare souscrire à .... *exemplaire*

du Tome IIe du PEINTRE-GRAVEUR ILLUSTRÉ, au prix

.... *francs l'exemplaire.*

Signature et Adresse:

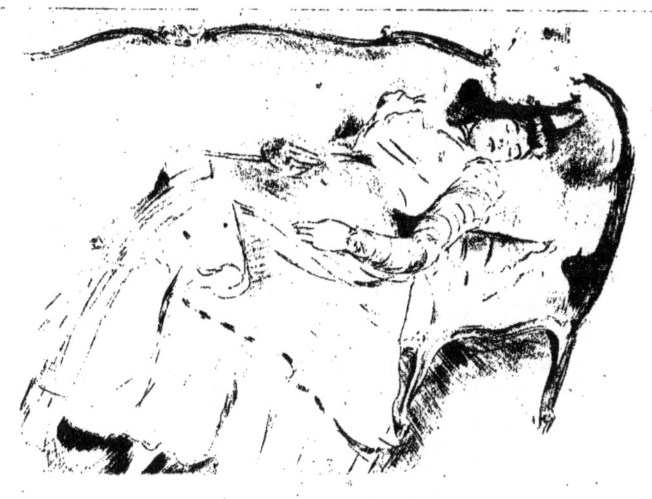

N° 19 du Catalogue.

DÉSIGNATION

ESTAMPES

1. L'Eventail. Grand in-fol. *impr. en couleurs.*

2. Jeune Femme de face, la main droite sous le menton. In-fol.

3. La même estampe. Epreuve tirée en *sanguine.*

4. Roeseler (Mlle), de face. In-fol.

5. Jeune Femme de face, les mains au collet de fourrure. In-fol. tiré en *bistre.*

6. Sieste. In-fol.

7. Mme Helleu, assise devant une glace. In-fol.

8. Mme Z***, de profil à droite, en cheveux. In-fol.

9. Le Guéridon. In-fol. tiré en *sanguine*.

10. Brandès (Mme), de face. In-fol.

11. Helleu (Mme) de face. In-fol. *imp. en 3 tons.*

12. Hélène Helleu, de face. In-fol.

13. Hélène Helleu, de trois quarts à droite, les mains jointes. In-fol.

14. Hélène Helleu à 11 ans 1/2. Petit in-fol.

15. Mme X***, de face, une régate autour du cou. In-fol.

16. Jeune Femme, de trois quarts à droite, au chapeau blanc orné d'une plume noire. In-fol.

17. La Harpiste, tournée à droite. In-fol impr. en *sanguine*.

18. La Harpiste, de face. In-fol.

19. La Dormeuse. Grand in-fol. (épreuve *avant* l'aciérage).

20. Jeune Femme de face, chapeau à plume et collet de fourrure. Grand in-fol. tiré en *2 tons*.

21. Jeune Femme mettant son chapeau. In-fol.

22. Noailles (Mme la C^{sse} Mathieu de). Grand in-fol.

23. Jean Helleu dessinant. In-fol.

24. Les Tanagra du Musée du Louvre In-fol. tiré en *2 tons*.

25. Les Saxe. In-fol. impr. en *sanguine*.

26. Jeune Femme au manteau de fourrure, tournée à droite. In-fol. tiré en *2 tons*.

27. Jeune Femme au collet de fourrure, tournée à gauche. In-fol.

28. Jeune Femme au sautoir, étendue sur un canapé. In-fol.

29. Jeune Femme de face, au corsage blanc. In-fol.

30. Devant la carte du Transvaal. In-fol.

31. Devant la carte du Transvaal, 2ᵉ planche.

32. Carlier (Mˡˡᵉ), de face, accoudée. In-fol.

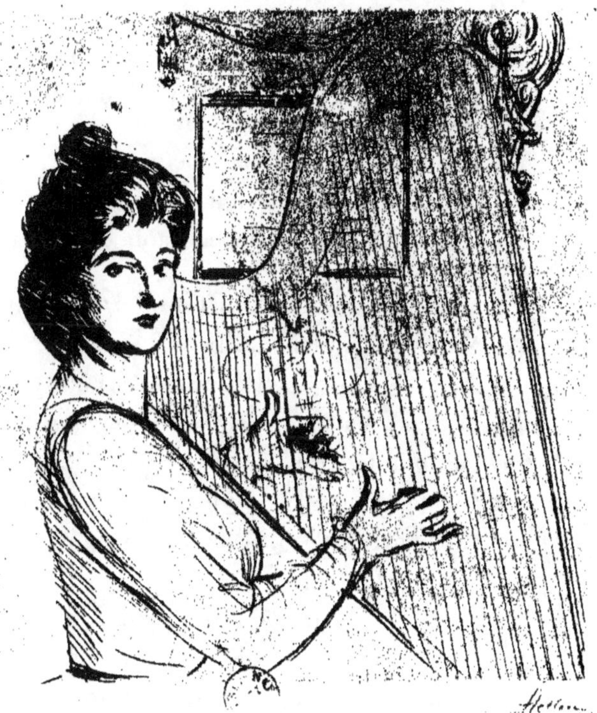

Nᵒ 17 du Catalogue.

33. Carlier (Mˡˡᵉ), de profil à droite. Grand in-fol. *imp. en couleurs*.

34. Jeune Femme, en cheveux, de profil à droite. Grand in-fol.

35. Jeune Femme étendue sur un sofa, les mains sous le menton. In-fol.

36. Mme la D^{sse} de Marlborough, endormie. In-fol. tiré
en *2 tons*.

37. Labadie (Mme). Grand in-fol. tiré en *2 tons*.

38. Jeune Femme au manteau de fourrure, la tête
appuyée. In-fol.

39. Letellier (Mlle), tournée à gauche. Grand in-fol.

40. Jeune Femme au manteau de fourrure, la main
droite sous le menton. In-fol.

41. D*** (Mme), de profil à gauche. In-fol.

42. F*** (Mlle), de face. Grand in-fol. impr. en *2 tons*.

43. Jeune Femme au chapeau noir et au manteau de
fourrure. In-fol.

44. Maternité (Mme H...). In-folio *impr. en couleurs*.

45. Maternité, 2e planche. In-fol.

46. Pensive. In-fol. *impr. en couleurs*, 1er état.

47. Le même estampe, *impr. en couleurs*, 2e état.

48. Marlborough (Mme la D^{sse} de). Grand in-fol.

49. Clémenceau (Mlle). In-fol.

50. Clémenceau (Mlle), accoudée. In-fol.

51. Far-niente. In-fol.

52. Mme X***, au corsage brodé, assise. In-fol.

53. Mme X (La petite Duchesse). Grand in-fol.

54. Jeune Femme, de face. Grand in-fol. tiré en *2 tons*.

55. Mlle Y***, assise, la main gauche au corsage. Grand
in-fol.

56. La même estampe, épreuve *impr. en couleurs*.

57. Mlle X***, de face, la tête inclinée à gauche. Grand
in-fol. *impr. en couleurs*.

58. Jeune Femme ajustant un ruban. In-fol.

59. Taylor (Miss Stuart). Grand in-fol.

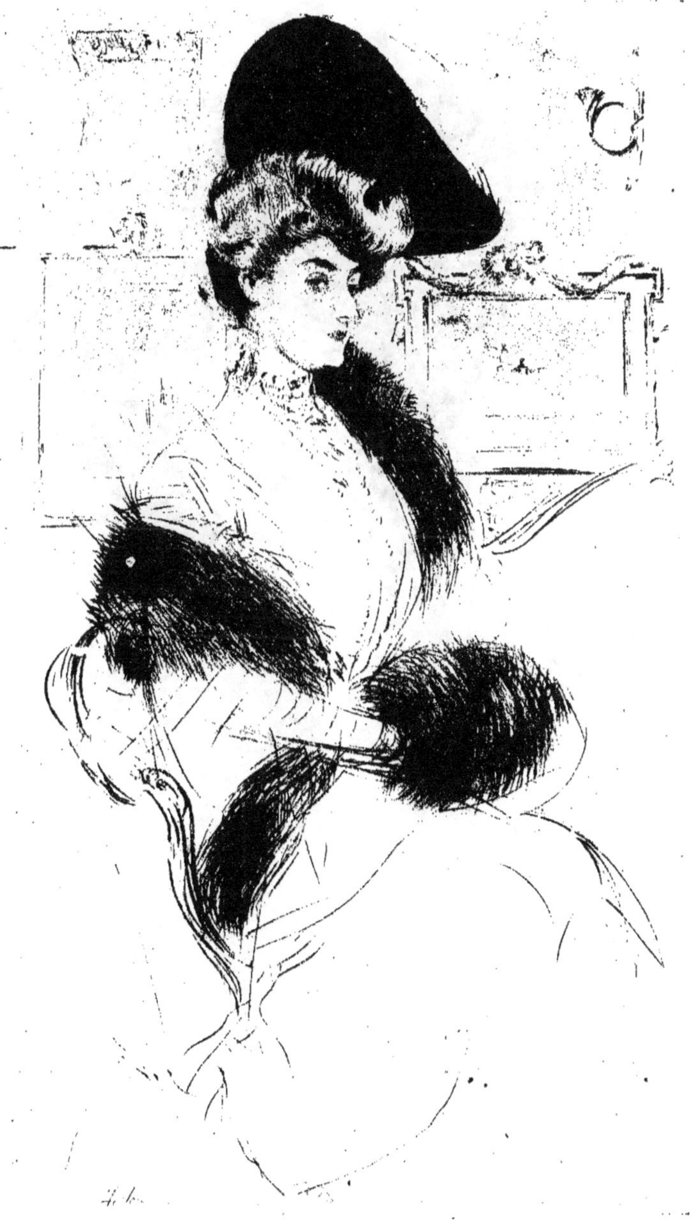

N° 37 du Catalogue.

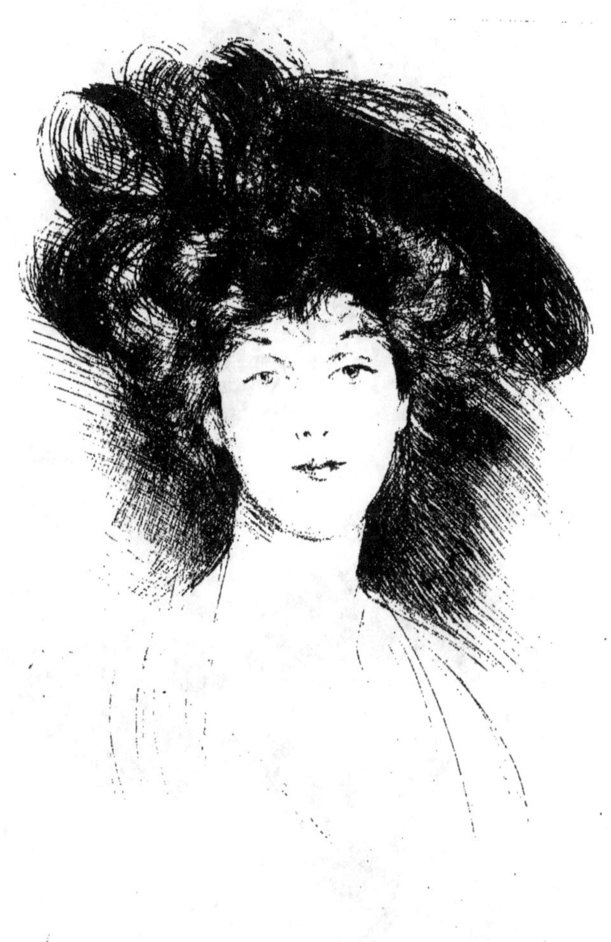

N° 57 du Catalogue.

60. Jeune Femme debout, s'appuyant sur un fauteuil. In-fol. *impr. en couleurs.*

61. Mme X***, tournée à gauche, accoudée, les mains dans un manchon. In-fol. *impr. en couleurs.*

62. Jeune Femme assise devant un secrétaire. In-fol.

63. Jeune Femme, de profil à droite, au chapeau noir relevé. In-fol. *impr. en couleurs.* Epreuve *unique.*

64. Lady S. W***. Grand in-fol.

65. Jeune Femme de face, à la collerette et au manchon. Grand in-fol.

66. Cinq Têtes de Femmes. Lithographie tirée en 3 *tons.* Encadrée.

67. Carlier (Mme Madeleine). Grand in-fol. *impr. en couleurs.*

68. Jeune Femme de face. In-fol. *impr. en 2 tons.*

69. Jeune Femme accoudée sur un guéridon. In-fol.

70. Jeune Femme, de face, la main gauche sous le menton. In-fol.

71. Mme Z***, de profil à droite, tour de cou de fourrure. In-fol.

72. Jeune Femme au corsage écossais, assise. In-fol.

73. Mme X***, de profil à gauche, la main gauche sous menton. In-fol.

74. Jeune Femme, de profil à droite, au col noir. In-fol. *impr. en couleurs.*

75. Jeune Femme, de face, assise. In-fol.

76. Pl*** (Mme la P^{sse} de). Grand in-fol. *impr. en couleurs.*

77. Jeune Femme, appuyée sur un guéridon. Grand in-fol.

78. Miss X***, aux yeux bleus. Grand in-fol. *impr. en couleurs.*

79. Mme la D^sse de M***, tournée à gauche. In-fol.

80. Jeune Femme au corsage à rayures, assise. In-fol.

81. Fillette, au chapeau blanc, de face. Grand in-fol. *impr. en couleurs.*

82. Fillette, au chapeau blanc, de profil. Grand in-fol. *impr. en couleurs.*

83. Mme X***, de face, corsage avec 3 rubans noirs. Grand in-fol.

84. Jeune femme sur un divan, vu en perspective. In-fol. tiré en *sanguine.*

85. Mme X***, de face, assise, le visage contre sa main droite. In-fol.

86. Jeune Femme en déshabillé, de dos. In-fol.

87. Mme X*** étendue sur un canapé. In-fol.

88. Jean Helleu debout, contre une porte. In-fol.

89. Jeune Femme, tournée à gauche, cravate à pois. In-fol.

90. Jeune Femme accoudée, les mains sous le menton. In-fol.

91. Fava (Mlle de). In-fol. Epreuve *unique* du 1er état.

92. B*** (Mlle), assise, tournée à gauche. *Unique.*

93. Hélène Helleu. In-fol. *impr. en couleurs.*

94. Jeune Femme, de profil à gauche, une main sous le menton. Grand in-fol. tiré en *2 tons.*

95. Hélène Helleu, de face. In-fol.

96. Jeune Femme, de face. In-fol. Encadré.

97. Desplanches (Mme A.)? In-fol.

98. Jean Helleu dessinant sur un yacht. In-fol. tiré en *2 tons.*

99. Mme Helleu et son fils Jean. In-fol.
100. Le Départ pour la promenade.
101. D'après le modèle. In-fol.

PASTEL ET DESSINS

102. Jeune Femme étendue sur un sofa. Dessin aux trois crayons. Encadré.

103. Jeune Femme, en buste, de trois quarts à gauche. Pastel. Encadré.

104. Jeune Femme, en buste, de face. Dessin aux deux crayons. Encadré.

105. Jeune Femme assise, se retournant. Important dessin aux trois crayons. Encadré.

IMPRIMERIE

FRAZIER-SOYE

153, RUE MONTMARTRE

PARIS